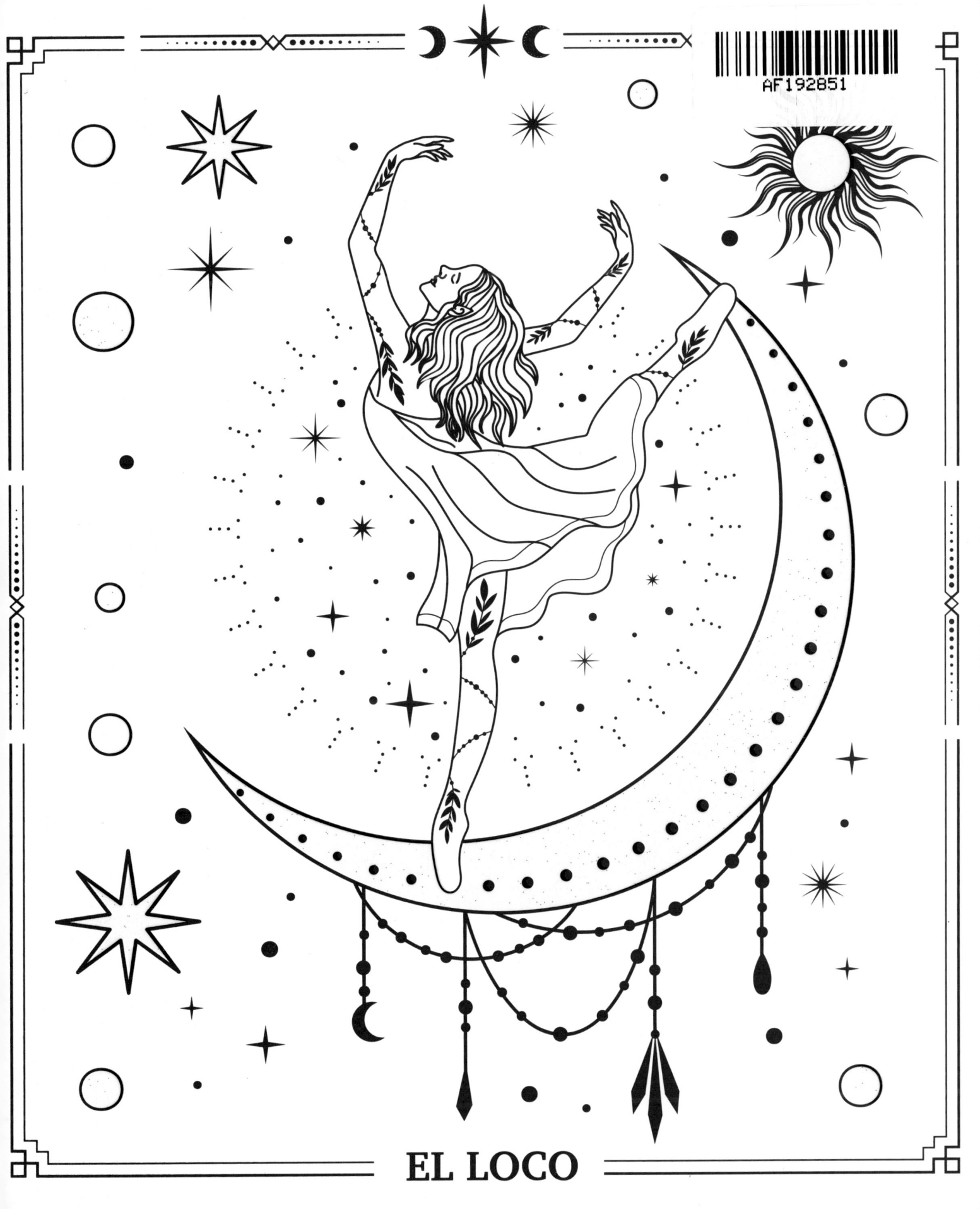

EL LOCO

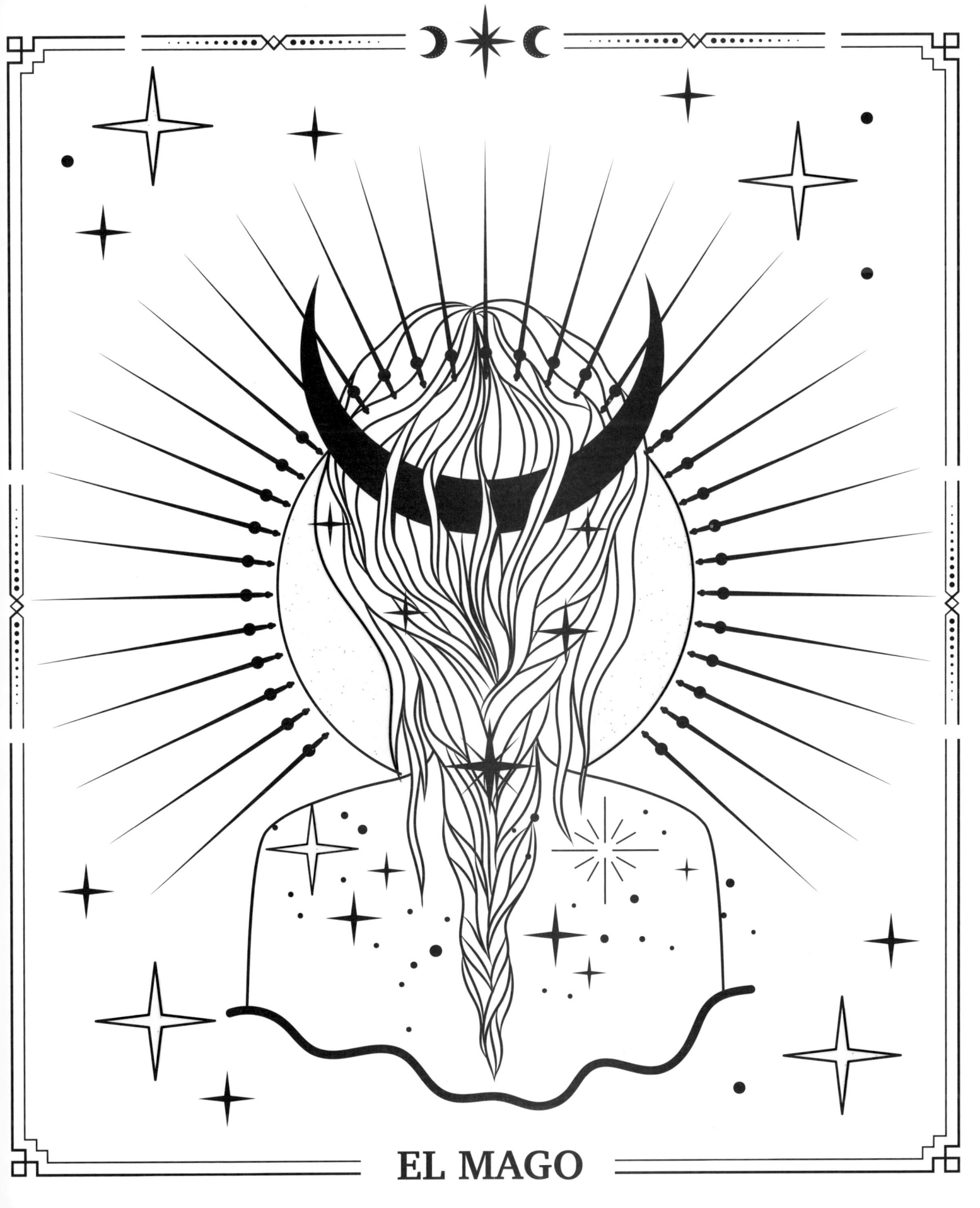

EL MAGO

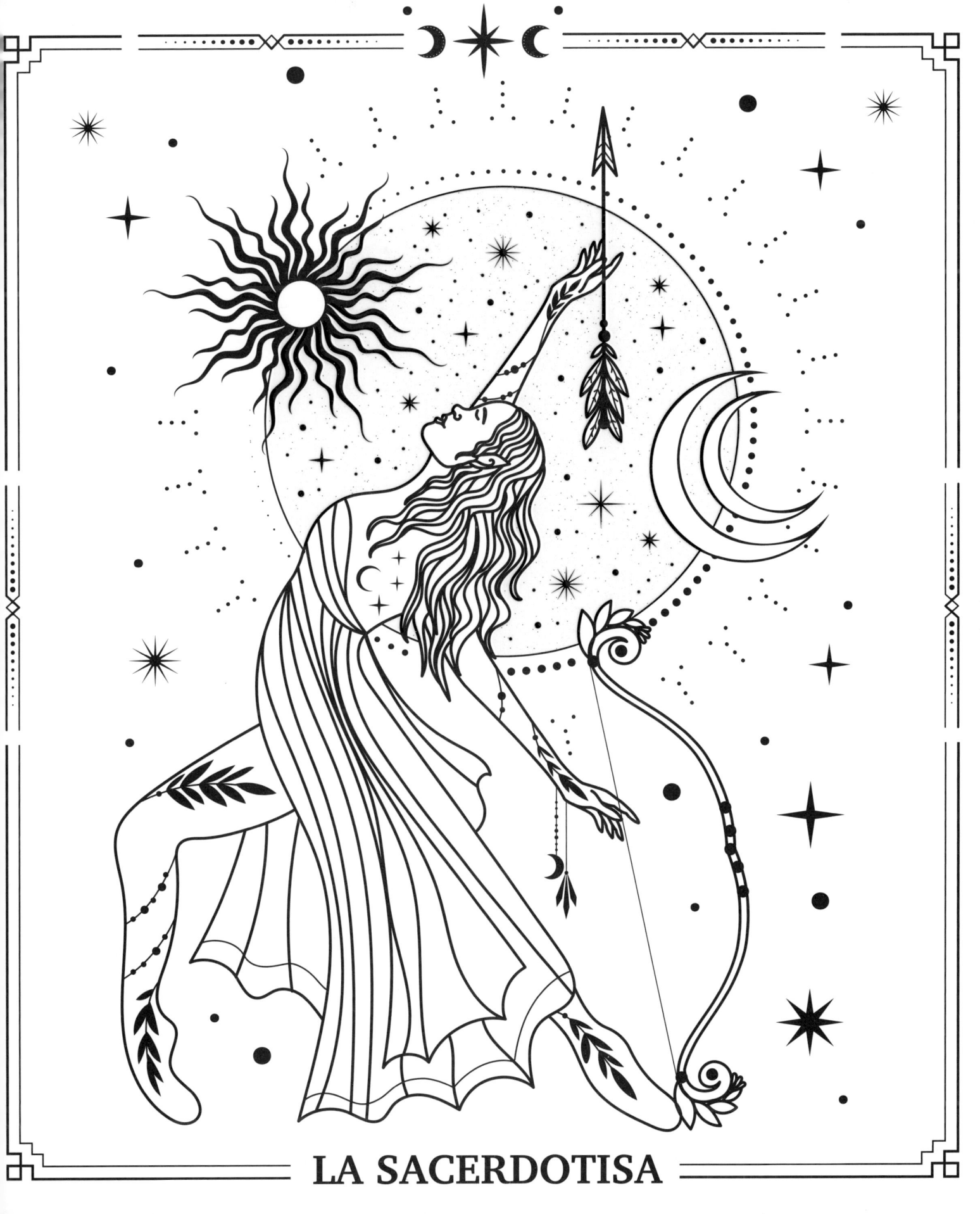

LA SACERDOTISA

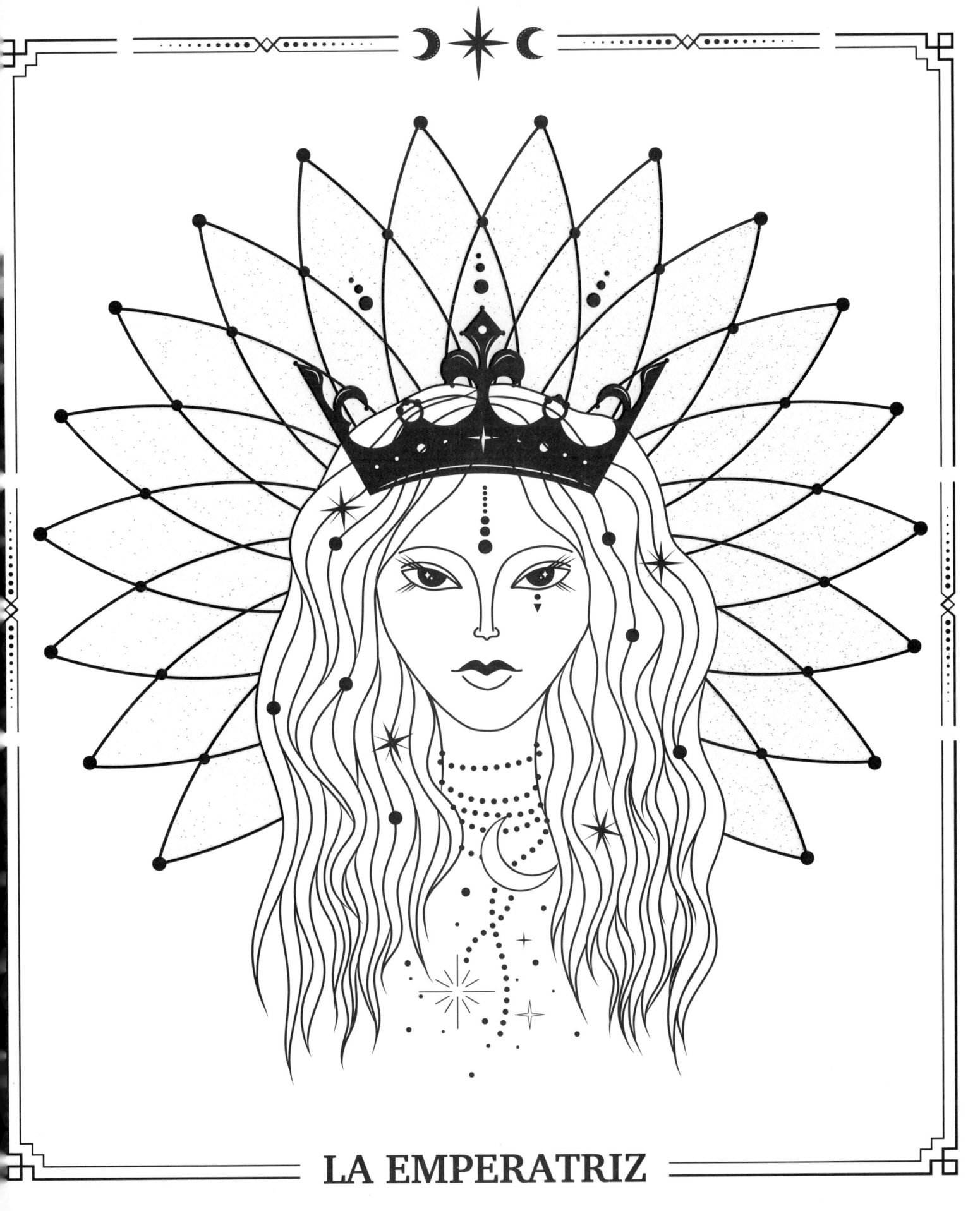

LA EMPERATRIZ

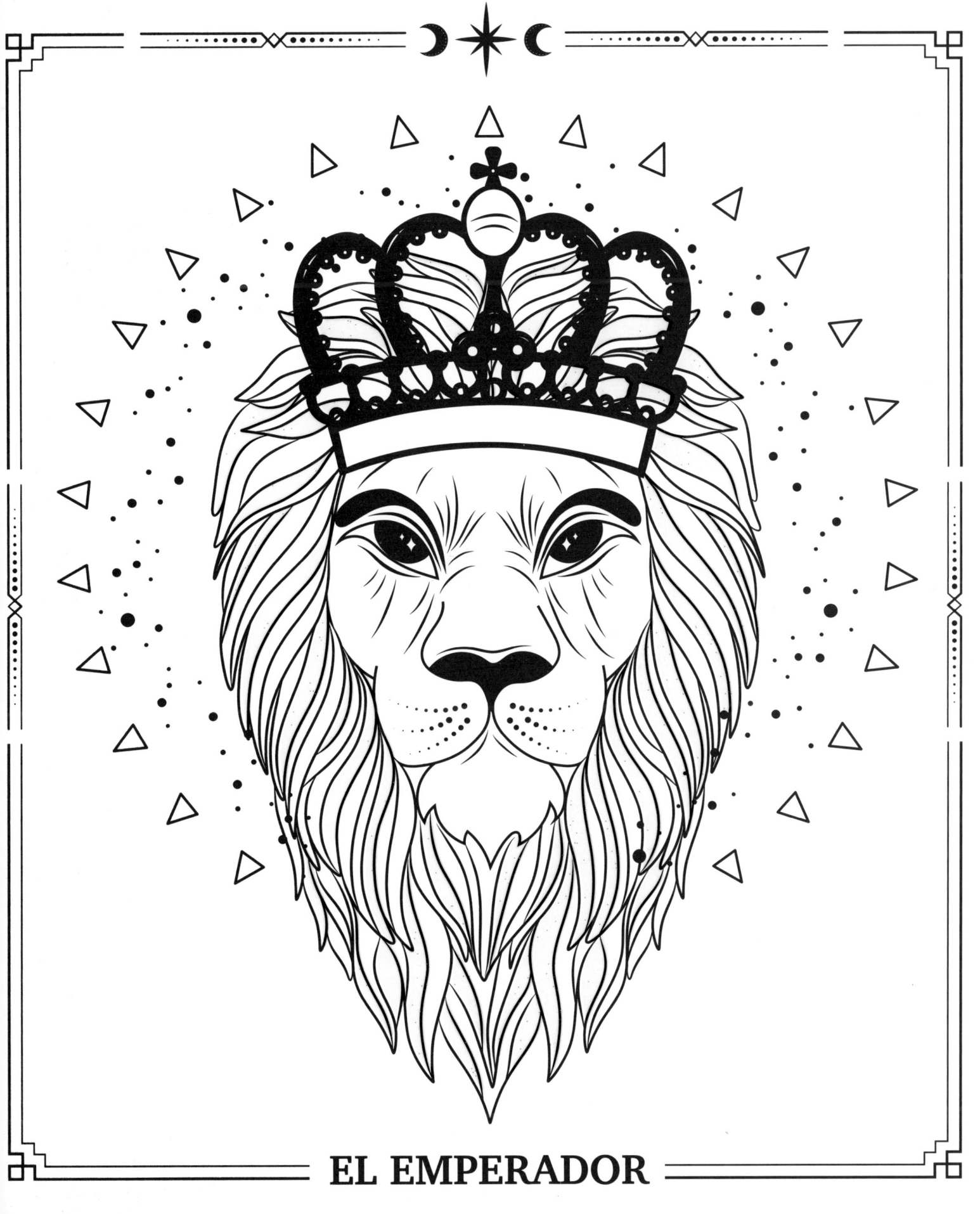

EL EMPERADOR

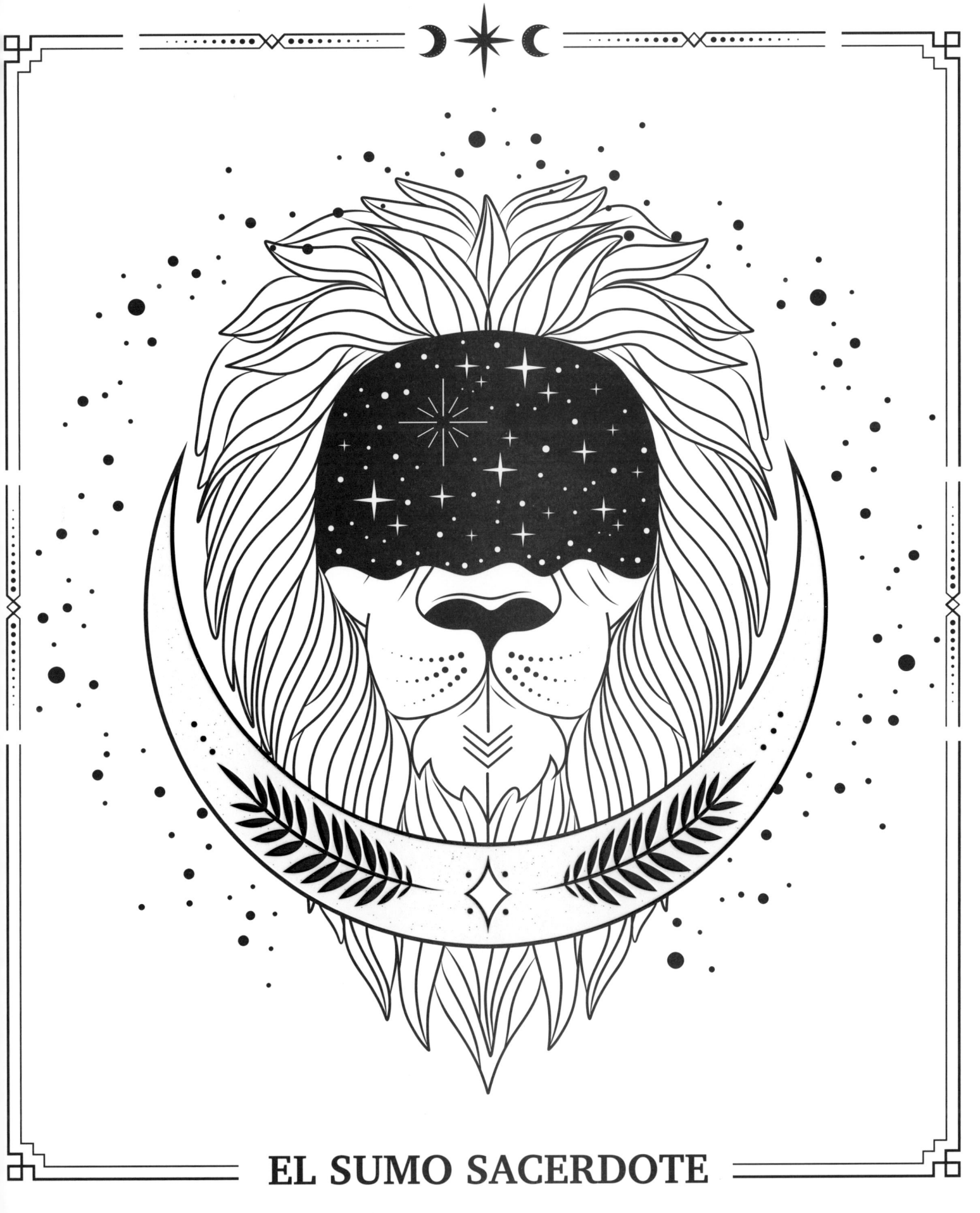

EL SUMO SACERDOTE

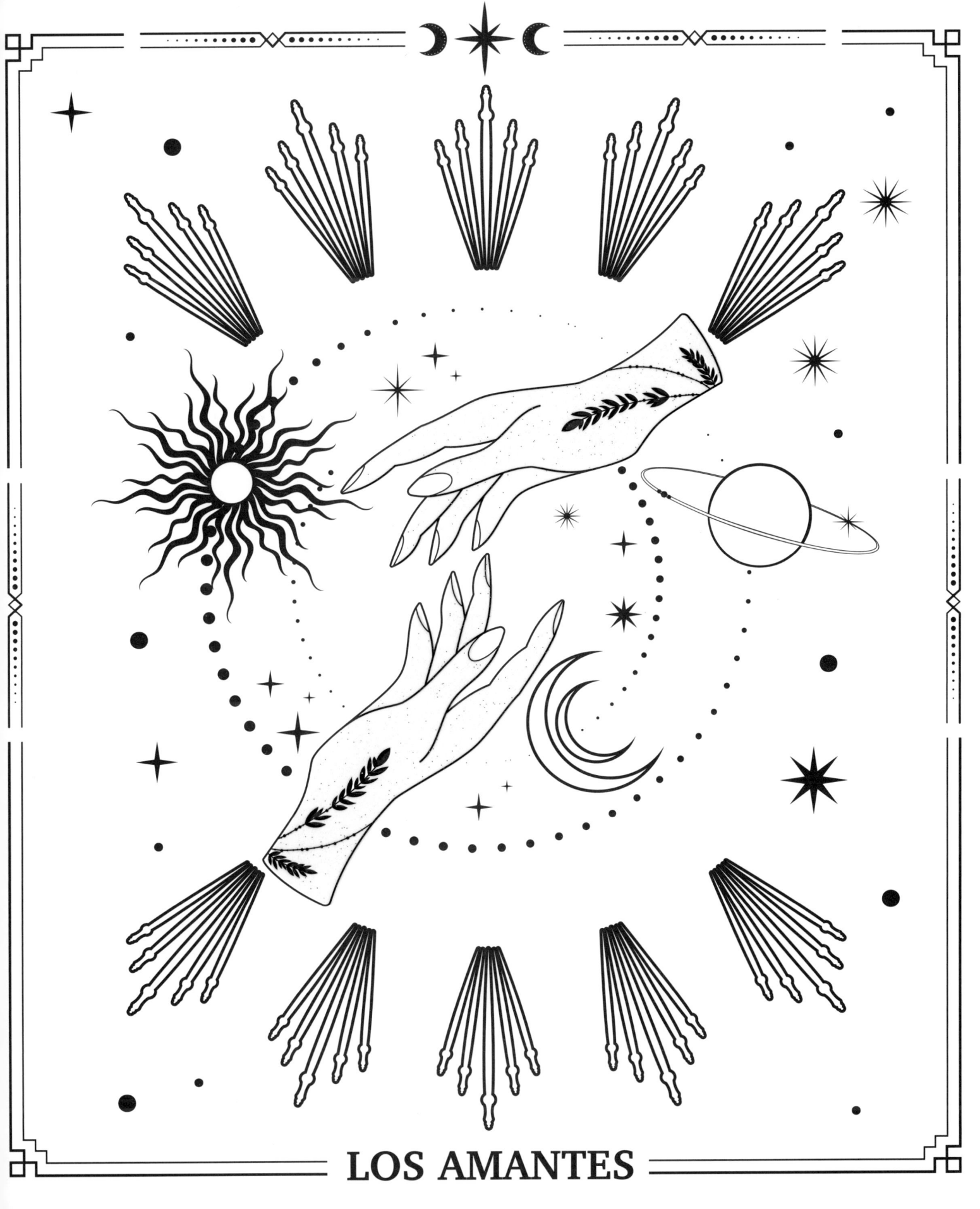

LOS AMANTES

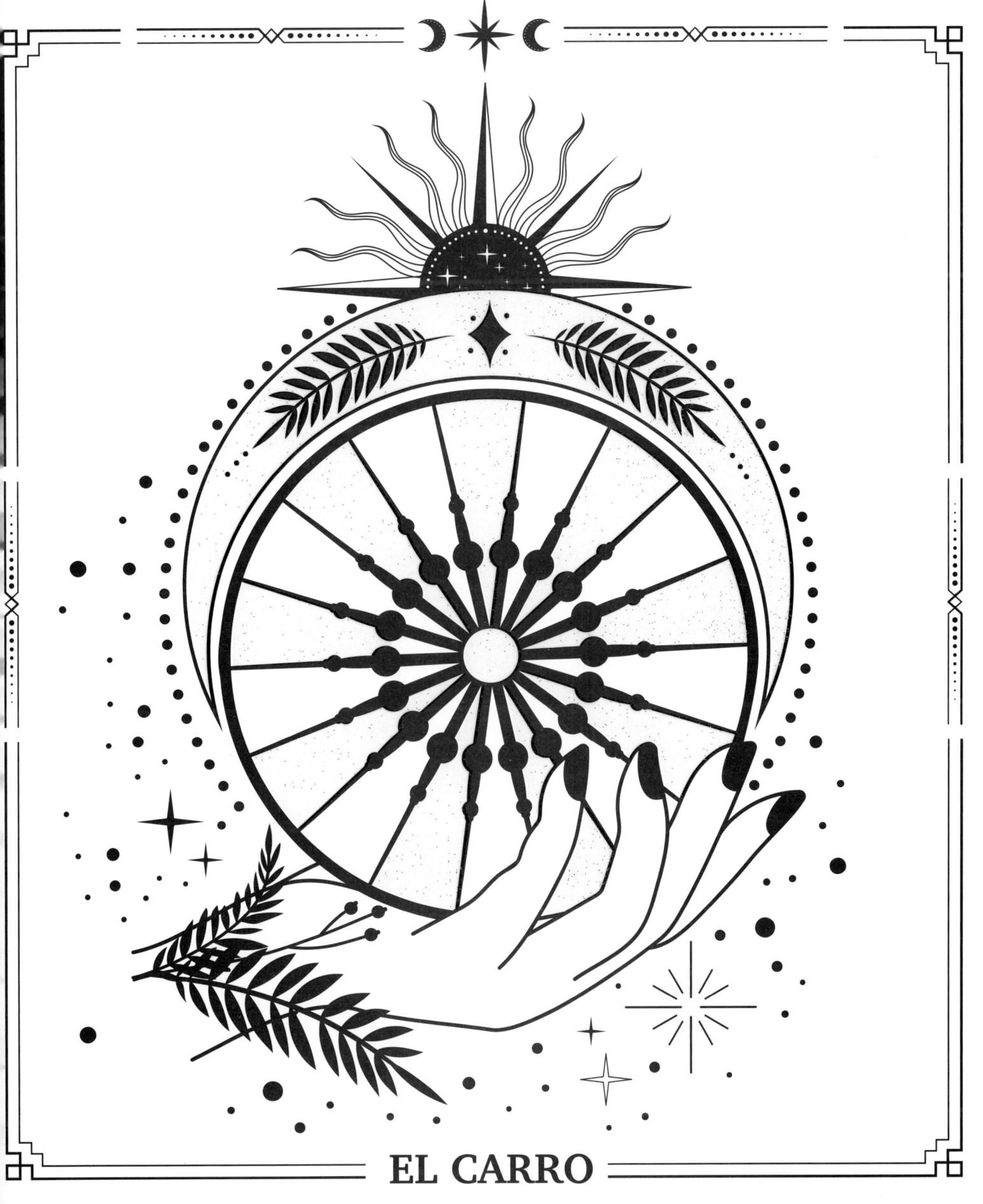

EL CARRO

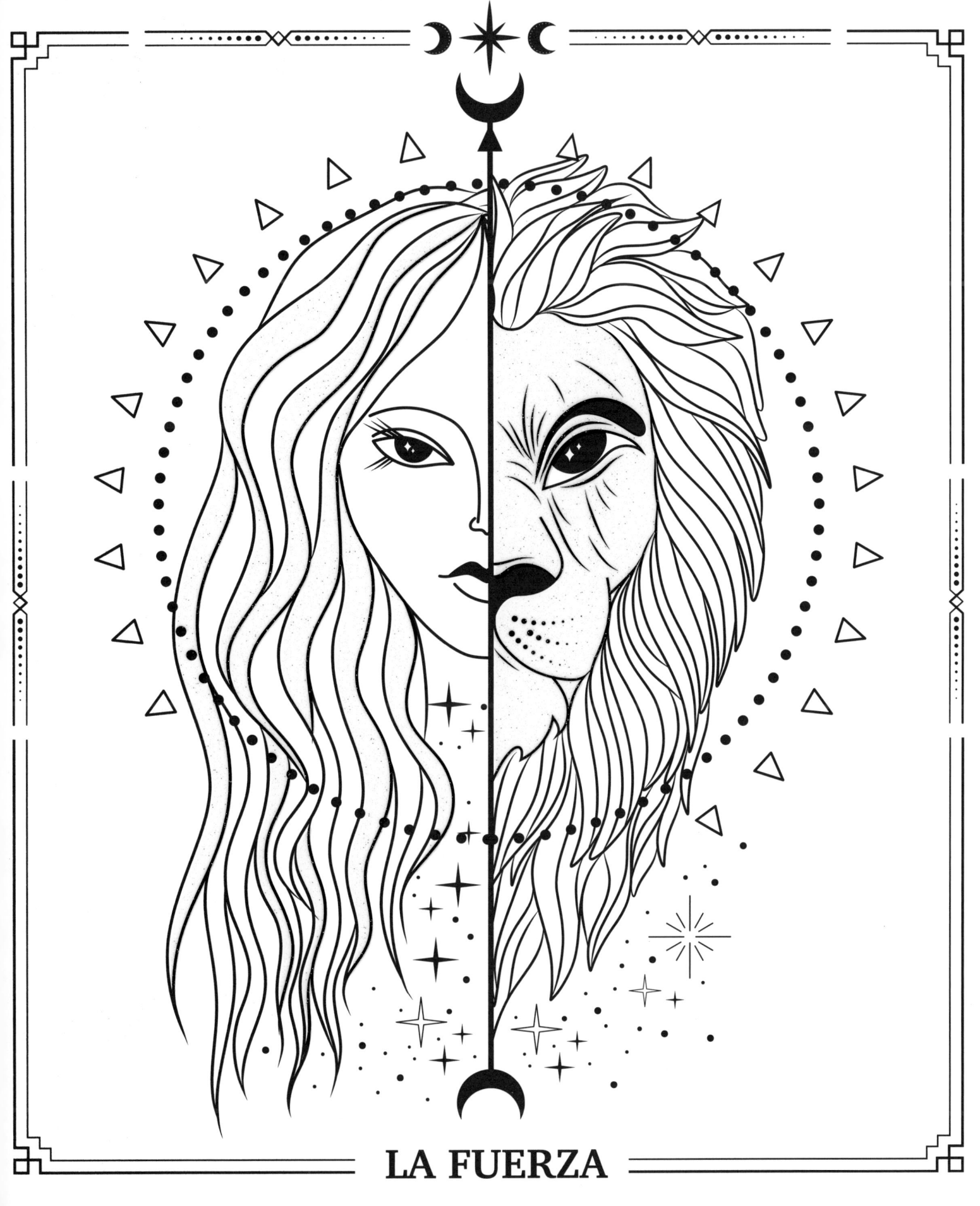

LA FUERZA

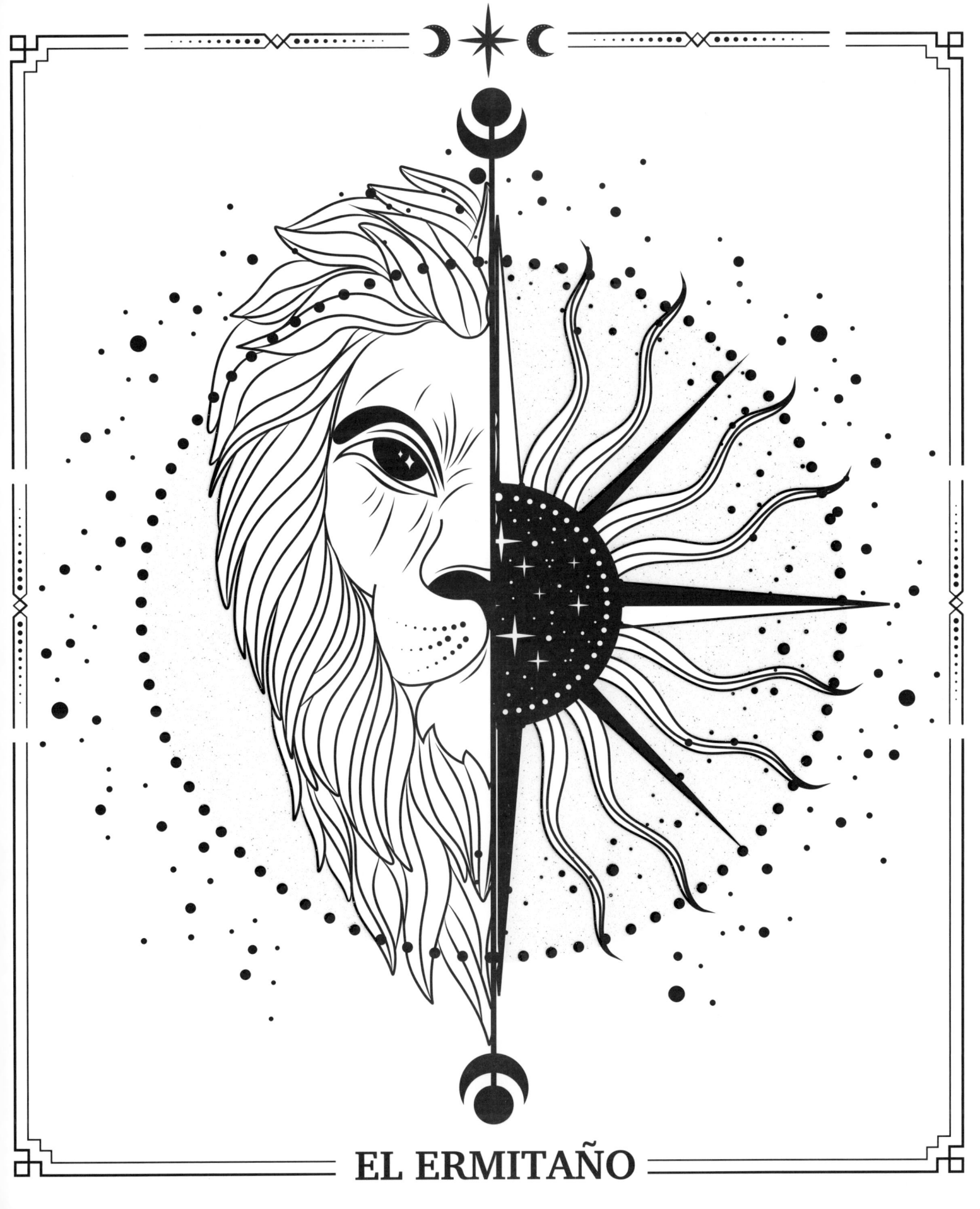

EL ERMITAÑO

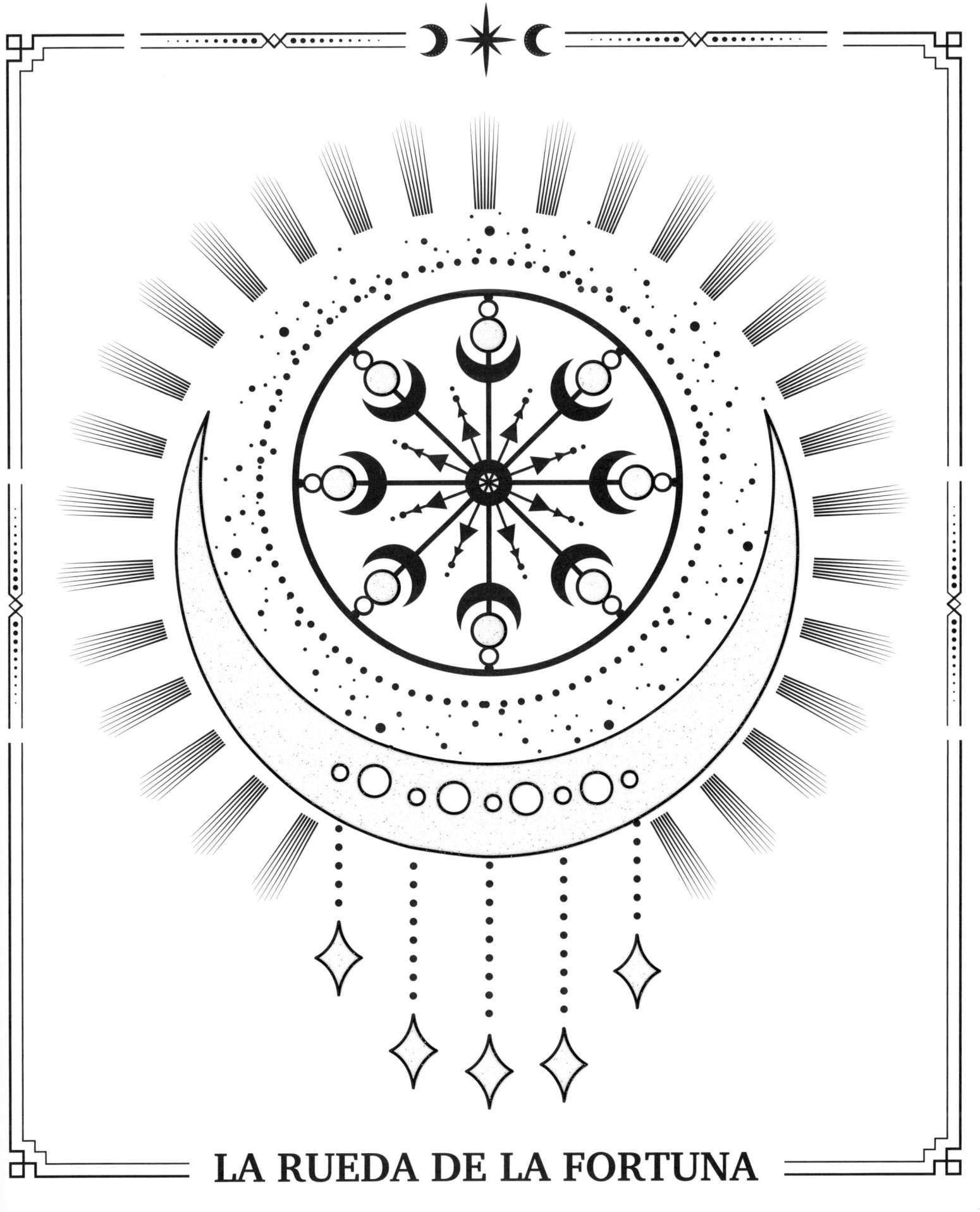

LA RUEDA DE LA FORTUNA

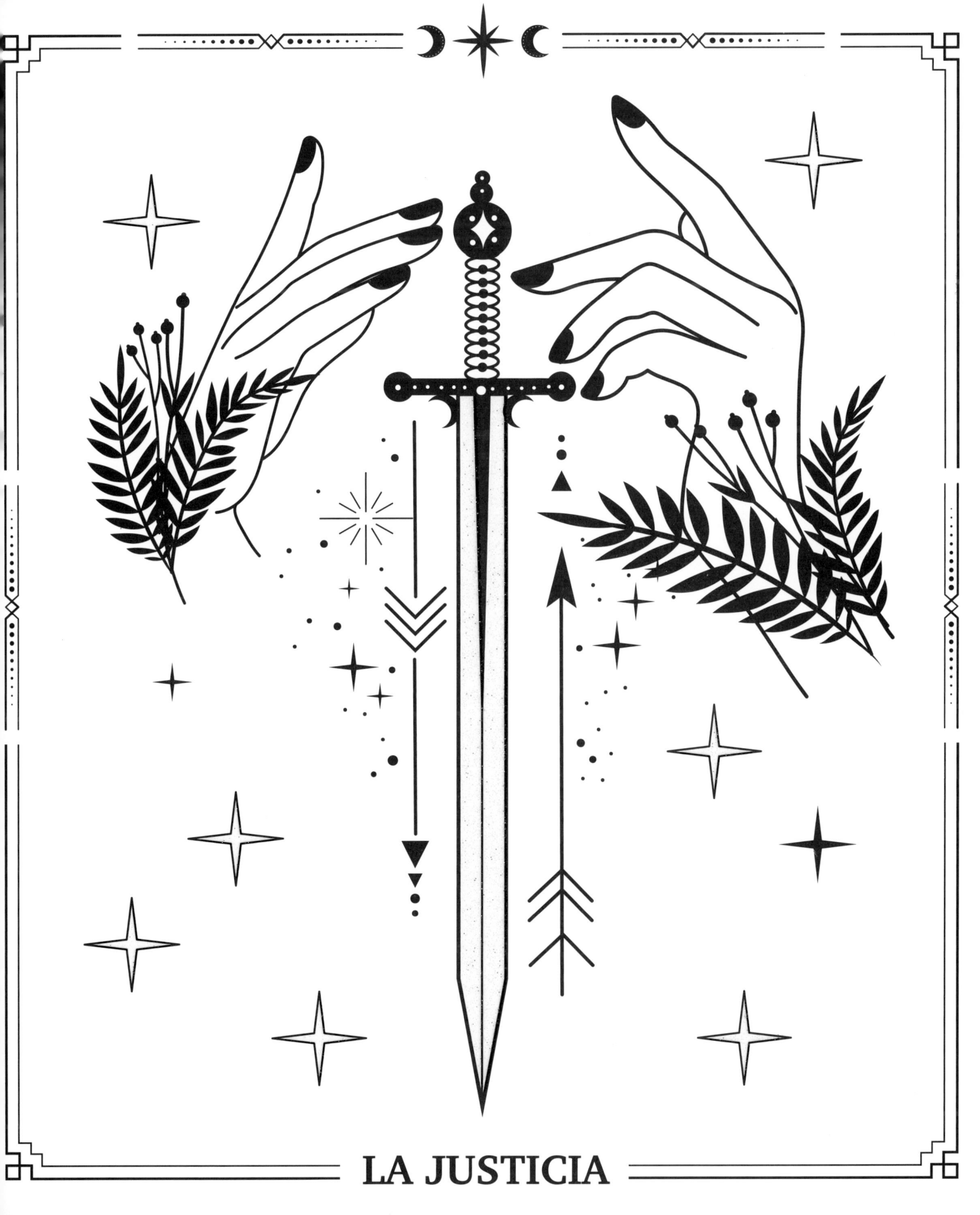

LA JUSTICIA

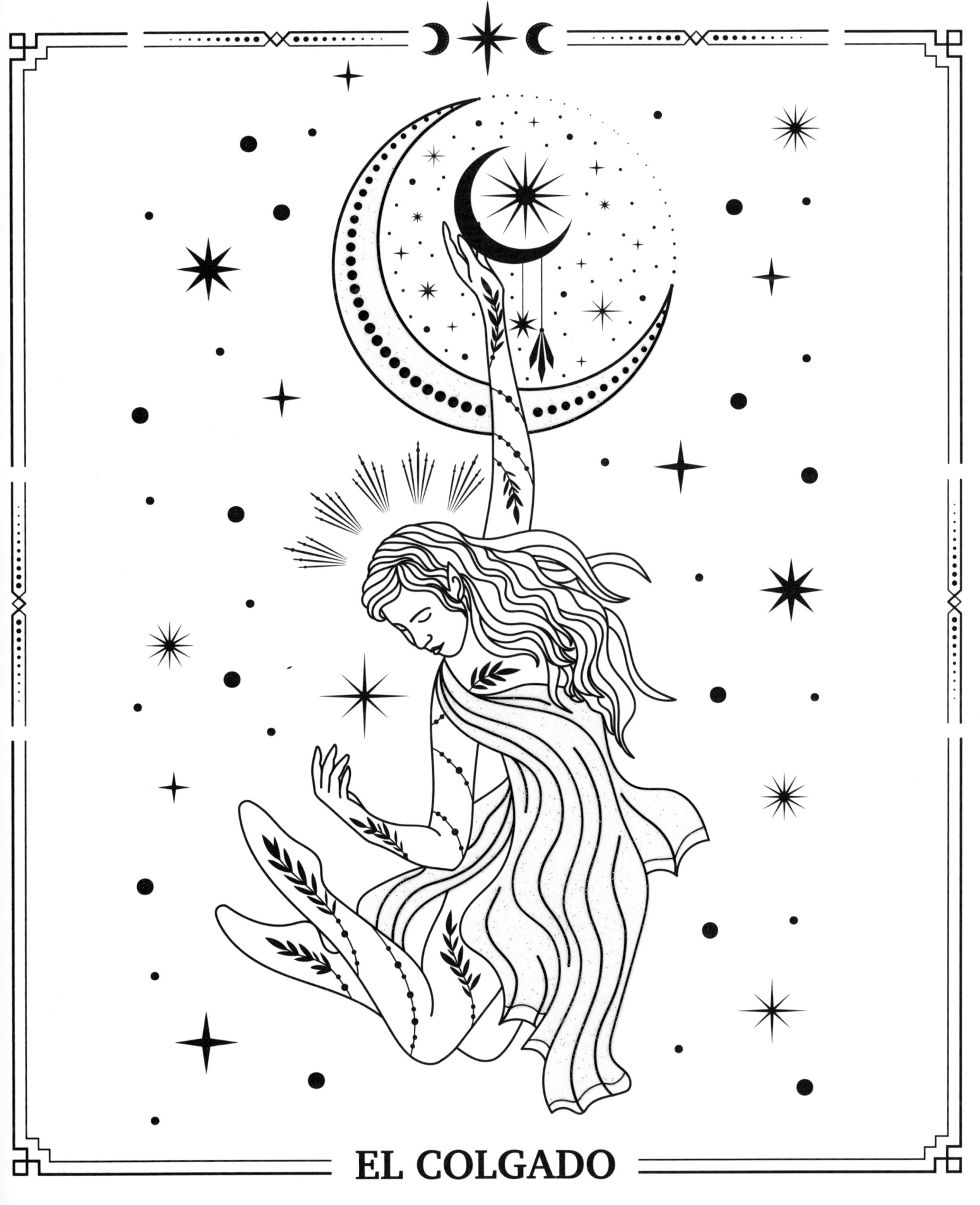

EL COLGADO

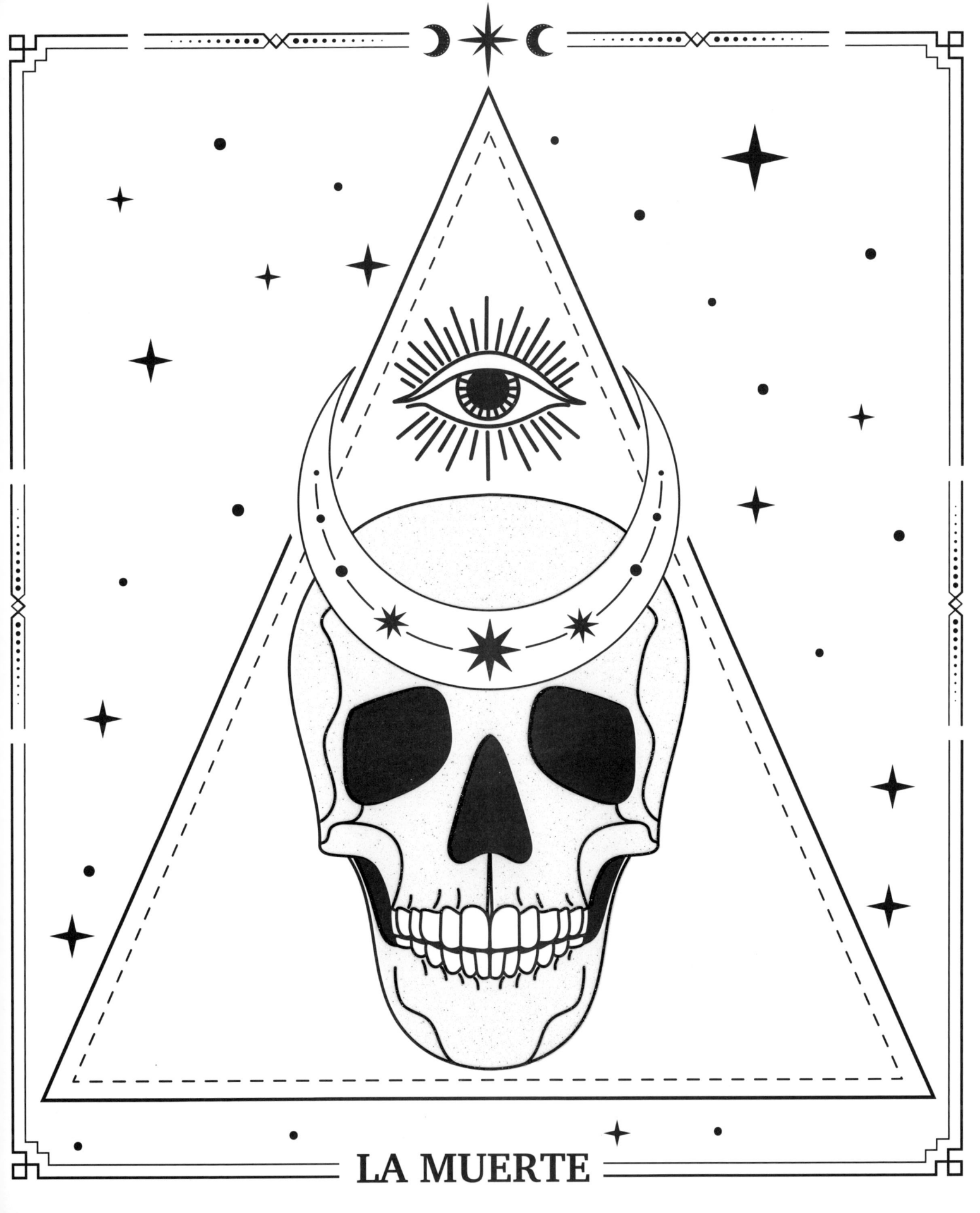

LA MUERTE

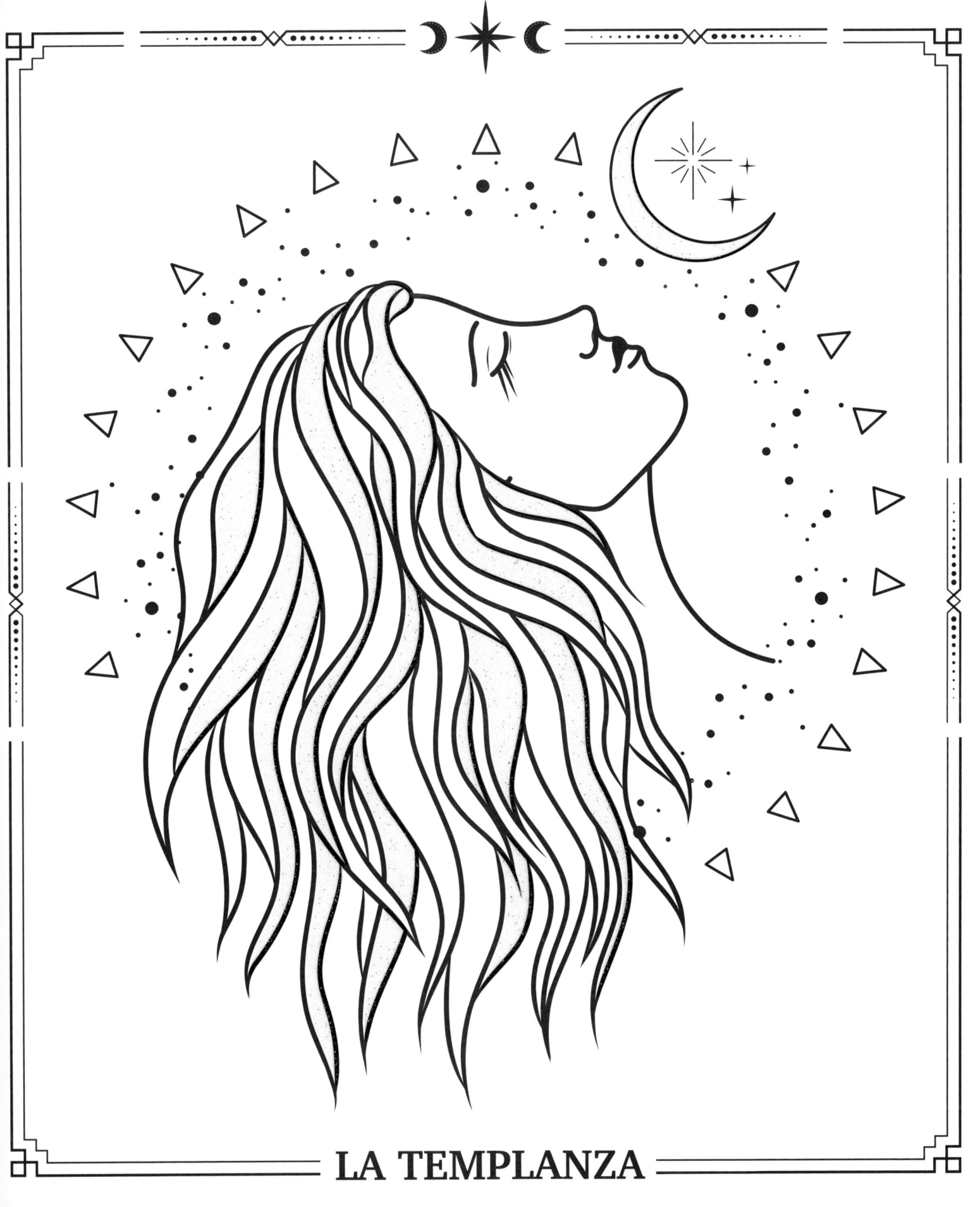

LA TEMPLANZA

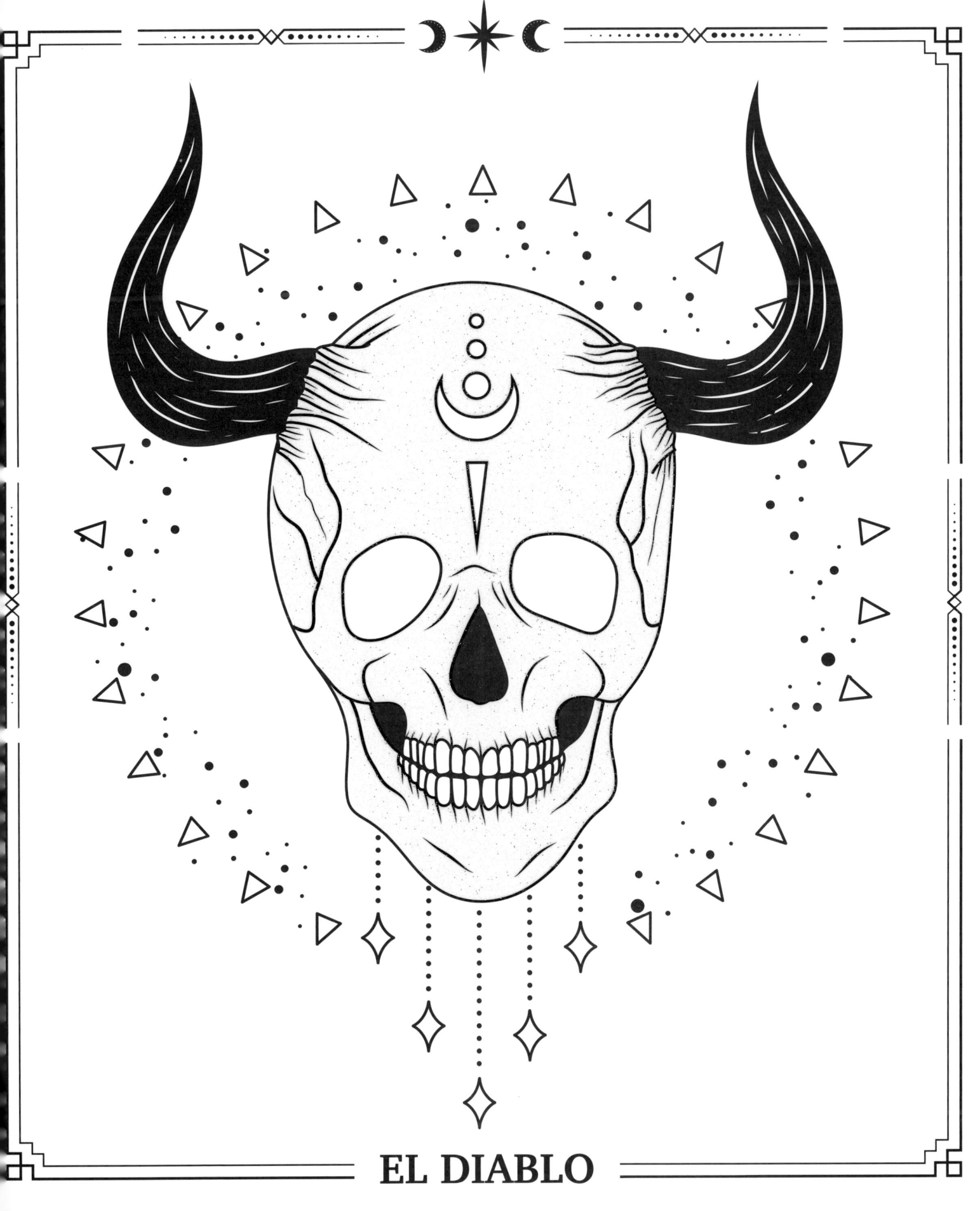

EL DIABLO

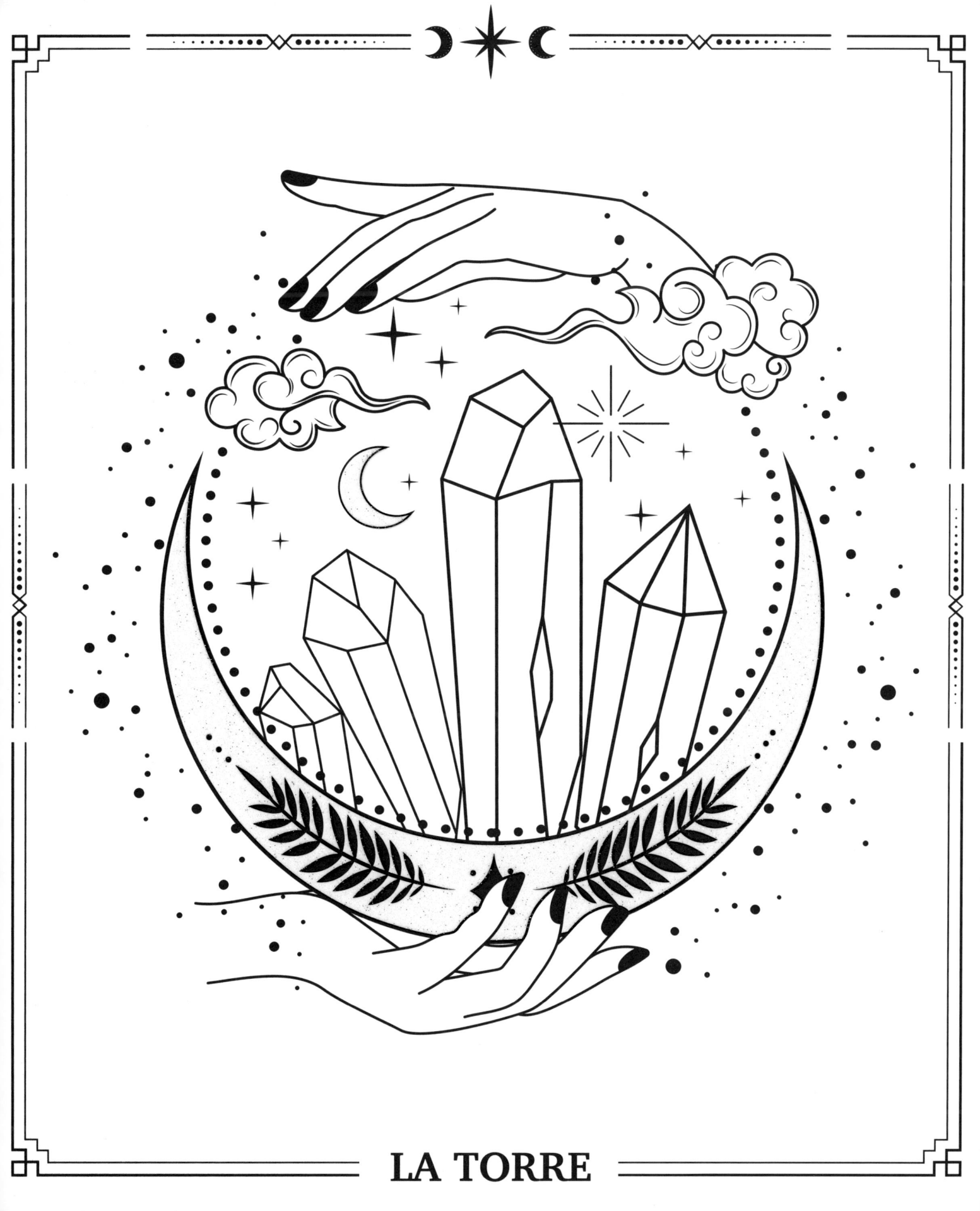

LA TORRE

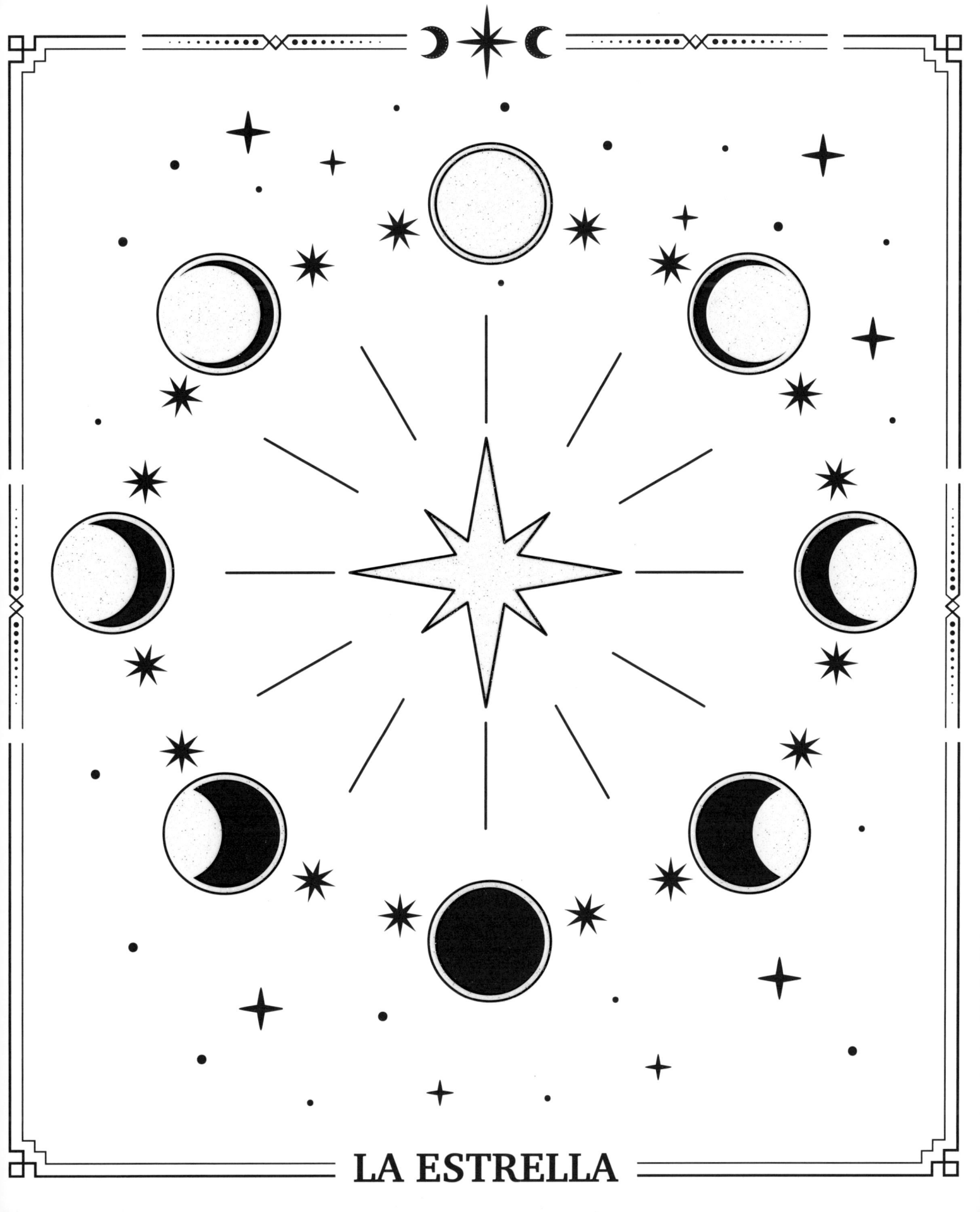

LA ESTRELLA

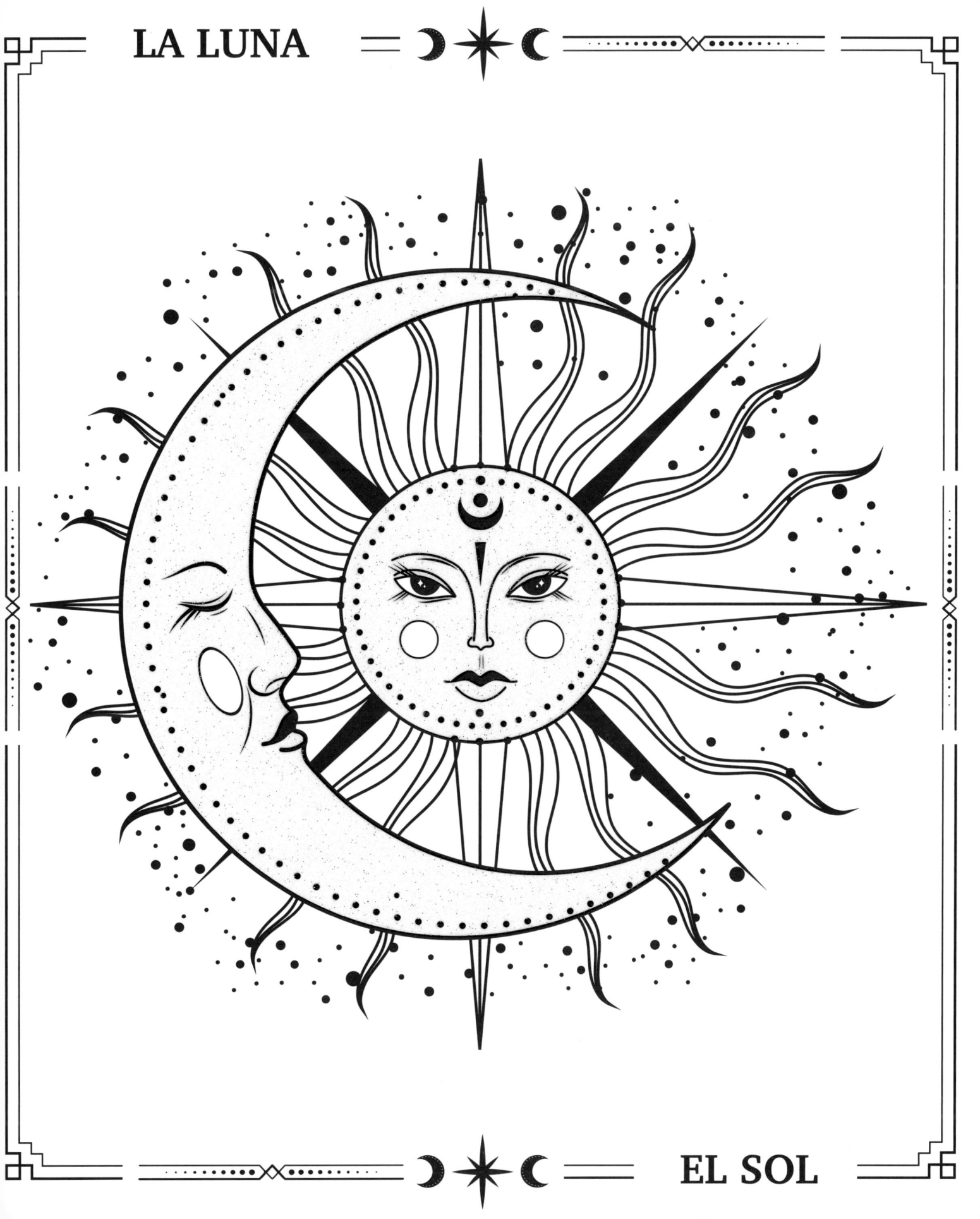

LA LUNA

EL SOL

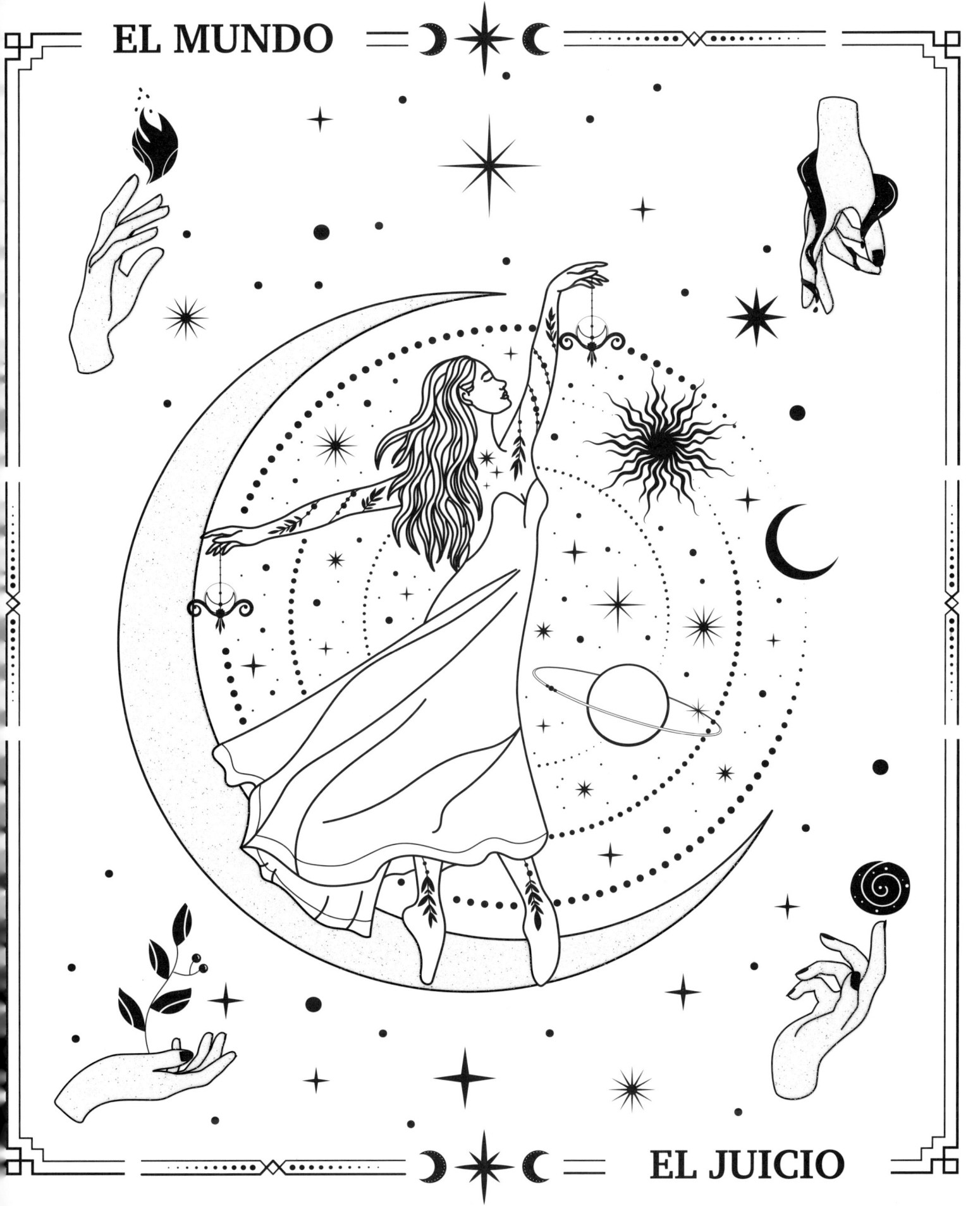